L'ÉCLAIREUR

DES BARRIÈRES.

Imprimerie de A. GUYOT,
rue Neuve-des-Petits-Champs, 37.

L'ÉCLAIREUR
DES BARRIÈRES,

CONTENANT

LES NOMS DES PRINCIPAUX RESTAURANS, TRAITEURS, MARCHANDS DE VIN ET AUTRES ÉTABLISSEMENS PUBLICS DES BARRIÈRES DE PARIS ;

NOTICES HISTORIQUES

SUR QUELQUES LOCALITÉS ET MONUMENS DES ENVIRONS DE LA CAPITALE PRÉFACE, ANECDOTES, FACÉTIES, CRITIQUES, RÉFLEXIONS PHILOSOPHIQUES, MORALES ET RELIGIEUSES ;

Par Auguste R***.

Prix : 1 Franc.

PARIS.

Dépôt général, rue Laffitte, 24.

1841.

PRÉFACE.

On a fait des *Guides*, des *Conducteurs* et et des *Indicateurs* dans Paris; leur mérite est incontestable, mais on n'avait point encore songé à éclairer hors barrière les gens qui ont l'habitude de fréquenter cette partie joyeuse et folâtre des environs de Paris. Cette considération m'a déterminé à offrir au public l'Éclaireur des Barrières, plus particulièrement consacré aux consommateurs.

J'aurais voulu, en ne traitant que des principales barrières, donner sur chacune d'elles une analyse qui présentât quelque attrait; mais le peu d'ancienneté de leur construction, qui ne remonte qu'à la fin du dernier siècle, n'a pu me fournir que des documens dépourvus d'intérêt.

L'objet principal de cet opuscule a été de réunir en un corps d'ouvrage consciencieux les établissemens qui pratiquent avec plus d'avantage la science de nourrir les hommes, précieuse compensation de celle qui enseigne à les faire tuer.

Depuis l'époque où l'espèce humaine cessa de se nourrir de fruits, l'art d'apprêter les mets et de les rendre agréables au goût est plus profond qu'on ne pense. De tous temps la bonne chère a été d'un intérêt général : les poètes ont jeté des fleurs dans le domaine de la gastronomie ; ils ont chanté les plaisirs de la table ; c'est une jouissance qui, en augmentant la confiance de l'amitié, les délices de l'amour, nous délasse de toutes les fatigues de la vie ; elle facilite les affaires ; c'est souvent à table que se traitent les plus grands intérêts ; les villageois font leurs affaires au cabaret, ils y arrêtent le mariage de leurs filles. C'était au milieu des festins que les premiers peuples décidaient de la guerre ou de la paix ; et, de nos jours, les repas sont un moyen de gouvernement : nous vivons dans un siècle où les grands de la terre résistent difficilement à la puissance de la fourchette.

Dans un ouvrage comme celui-ci, spécialement offert aux personnes laborieuses qui cherchent le dimanche hors Paris les heureux délassemens d'une semaine de sollicitude, de fatigue et d'ennui, j'ai dû presenter avec une sévère fidélité le tableau des lieux que j'indique. Ce n'est point de l'histoire que j'ai voulu faire : je n'ai donc rien eu à exhumer des annales du passé, rien à exalter des vertus de ceux qui ne sont plus ; je n'ai eu à m'occuper que des vivans, à l'occasion de ceux qui tiennent à bien vivre.

J'ai évité avec soin toutes les notions qui m'ont paru stériles, et plus encore des noms dépourvus de mérite, bien qu'on ait voulu m'asservir aux séductions des récompenses dès que le plan de l'ouvrage a été connu des gens habitués au régime des complimens et des panégyriques. J'ai pensé qu'une telle condescendance, en enchaînant ma liberté d'écrivain, serait un attentat contre les estomacs de bonne foi, laissant aux habiles du siècle la honte de renverser journellement dans leurs écrits la vérité de son trône pour y substituer l'imposture ; c'est peut-être une manière d'intéresser à une époque et dans un pays où la loyauté devient fabuleuse et se trouve réduite aux mesquines proportions d'une nature exceptionnelle.

Je me laisse involontairement entraîner à des considérations philosophiques tout-à-fait en dehors du terrain où je me suis placé; j'oublie que, voulant écrire dans l'intérêt des mâchoires plus ou moins grandes que renferme la ville de Paris, je ne dois point dénoncer ici les erreurs des uns et les mensonges des autres : le seul but que je me sois proposé, c'est de faire connaître avec une rigoureuse précision les établissemens qui se respectent encore assez pour ne point tromper audacieusement la confiance du public.

C'est avec un soin religieux que je me suis entouré de toutes les notions, tous les renseignemens dont j'avais besoin pour faire de ce livre un guide sûr à l'usage de ceux qui recherchent l'atmosphère plus pur des environs de Paris.

J'aurais pu prendre occasion de donner une courte analyse des usages et des mœurs particuliers aux gens qui habitent hors Paris; mais quelque intérêt qu'auraient peut-être offert des traits de ce genre, j'ai dû m'en abstenir, dans la crainte de donner à un ouvrage, sans autre mérite que l'utilité, une importance prétentieuse. Si je me livre par fois à quelques digressions historiques sur les monumens que je rencontre sur ma route, c'est que ces aperçus, succintement écrits sur des édifices et des institutions dont tout le monde ne connaît peut-être pas complètement l'origine et le but, peuvent offrir quelque intérêt.

Je n'ai pas cru devoir, dans cet ouvrage, placer méthodiquement les barrières d'après leur ordre topographique; je les ai classées indistinctement, mais en indiquant leur situation et les moyens de s'y rendre, de manière à faciliter l'intelligence de tout le monde.

Je regrette de ne pouvoir indiquer d'autres moyens de transport à bas prix que les voitures-omnibus, ces déplorables nécessités, ces misérables lentifères où l'on est serré comme une botte d'asperges, malgré les ordonnances de police; de telle sorte que si, dans le nombre des voyageurs, il y en a seulement deux de la force de *saint Christophe* ou de *Charles-le-Gros*, on est positivement à la torture.

A l'exception de ce léger désagrément, qui vous expose uniquement à être asphixié, les omnibus sont par fois très-amusans; on y fait des rencontres fort originales; on y voit des figures à la Dantan, des personnages dignes du crayon de Charlet. La femme du grand monde est souvent confondue avec la sémillante grisette parée de ses habits de fête. L'esprit observateur reconnaît aisément la première à ses bonnes manières, à son maintien décent et digne. La seconde se révèle par un défaut d'éducation et d'usage qu'expriment des chuchottemens et d'inconvenans sourires échangés avec son voisin de gauche; c'est ordinairement un homme à moustaches, barbe moyen-âge, d'un blond exagéré ou gris pommelé, un vrai mangeur d'hommes, à qui il ne manque qu'une besace et un bâton pour ressembler au juif errant. Ces gens-là n'ayant, sauf quelques rares exceptions, d'autres moyens de se faire distinguer, ne s'aperçoivent pas qu'avec nos usages et nos mœurs ils posent au profit du ridicule.

L'ÉCLAIREUR

DES BARRIÈRES.

BARRIÈRE D'ENFER.

Cette barrière est généralement bien fréquentée; on y arrive par le quartier latin, en suivant la rue d'Enfer, qui longe le jardin du Luxembourg.

Ce sont les *Favorites* qui font le service de cette ligne, en partant du faubourg Saint-Denis, Palais-de-Justice, et correspondant avec le Chemin de fer de Corbeil.

AU COQ HARDI.

LECOQ aîné, *Marchand de Vins Traiteur*, n° 1.

Restaurant à la carte au premier; de jolis salons, des mets bien apprêtés et d'excellens vins de tous crus engagent le consommateur à revenir.

AU SIGNE DE LA CROIX.

REBOURG, *Marchand de Vins Traiteur*, n° 2.

Renommé pour les civets de lièvre et les gibelottes, il y a un jardin fort agréable et le service s'y fait avec beaucoup de régularité.

AU VEAU QUI TETTE.

MARTIN, *Marchand de Vins Traiteur*, n° 9.

La cuisine est assez bonne; on y est servi avec beaucoup d'aménité; le vin, sans être de premier choix, est d'une qualité sans reproche.

LECOQ jeune, *Pâtissier-Traiteur*, n° 34.

Le vol-au-vent y est parfait; cuisine et cave supérieures, service bien fait, jardin charmant, et généralement tout ce ce qui constitue un établissement recommandable.

A LA FOURCHE DE MONTROUGE.

NICOLAS, *Marchand de Vins*.

Cuisine soignée, promptitude dans le service, excellens vins et prix modérés.

NORMAND, n° 29,
RETOUT, n° 53, } *Marchand de Vins Traiteur.*
LEROUDIER, n° 65,

 Ces trois établissemens jouissent d'une assez bonne renommée ; s'ils n'offrent pas de spécialités qui puissent être recommandées, on y est servi avec empressement et à des prix à la portée de toutes les fortunes.

 De cette barrière on peut aller à Mont-Rouge où le terrain n'est pas plus rouge qu'ailleurs, et où l'on ne monte pas plus que dans sa chambre à coucher. La qualification de *Mont* a mal à propos été donnée aux terres de ce lieu, puisque de tous côtés on y arrive de plein pied, excepté du côté du couchant, où il y a une légère pente.

 La couleur du poil servant autrefois à désigner les enfans, même parmi les familles de distinction, il est plus probable que Mont-Rouge prend son nom d'un seigneur nommé *le Rouge*, qui vivait de ces côtés, vers la fin du 11e siècle. Ce village a long-temps été habité par les communautés religieuses d'hommes, et c'est dans cette partie des environs de Paris que s'étaient établis les Jésuites sous le régime de la Restauration.

Le 2ᵉ dimanche de mai fête à *Antony*.

A *Aulnay*, près Sceaux, le lundi de Pâques.

A *Bagneux*, le 17 octobre.

A *Bourg-la-Reine*, le dimanche après le 24 juin.

A *Châtenay*, où naquit Voltaire, le 15 août. On peut visiter la maison où retentirent les premiers cris du philosophe de Ferney.

A *Châtillon*, le 1ᵉʳ dimanche de mai.

A *Fontenay-aux-Roses*, le 1ᵉʳ dimanche après le 16 juillet.

A *Montrouge*, le 23 juillet.

A *Sceaux*, pour la saint Jean d'été.

On trouve à la barrière d'Enfer des voitures à 50 centimes pour ces divers endroits.

BARRIÈRE D'ARCUEIL ou SAINT-JACQUES.

La voiture *les Hirondelles* parcourt cette ligne en passant par la rue Saint-Jacques, pont et quai Saint-Michel, rues de l'Arbre-Sec, Saint-Honoré, des Bons-Enfans, les boulevarts jusqu'à la place Cadet.

A LA PROVIDENCE.

COCCOZ, *Marchand de Vins Traiteur*, n° 27.

Cuisine supérieure offrant une assez grande variété de mets; il y a des vins à tout prix et de différentes qualités. Un vaste jardin, qui n'est pas sans agrément, complète les droits de cet établissement à la préférence du public.

COURDON, n° 12.

Cet établissement a, sous tous les rapports, une parfaite analogie avec le précédent; il possède également un grand jardin où, sous de frais ombrages, on retrouve une partie des douceurs de la campagne.

GUÉRIN, n° 1,
MANIEL, n° 2, } *Marchands de Vins Traiteurs.*
QUENAIRE, n° 7,

Les trois établissemens qui précèdent méritent une mention honorable sous le rapport de la consommation, du service et de la propreté.

A une lieue environ de cette barrière on arrive au village d'Arcueil, qui a tiré son nom des arcades que les Romains y firent construire pour conduire l'eau de la montagne au Palais des Thermes dans Paris, lieu consacré aux bains, la seule médecine qui, d'après Pline le naturaliste, ait été en usage chez les anciens Romains.

Plus tard, la découverte de nouvelles eaux occasionna la construction de l'admirable aqueduc dont Louis XIII posa la première pierre, et qui fut élevé cent ans après par Marie de Médicis; de telle sorte que les anciennes eaux, jointes aux nouvelles, furent conduites à Paris où elles se divisent et se subdivisent en différens endroits.

Il y a fête à Arcueil le dimanche après la St.-Denis.

BARRIÈRE DE LA SANTÉ.

MILLER, n° 1,
BRIDAULT, n° 2,   *Marchands de Vins.*
DUCHESNE, sur le boulevart,

Ces établissemens ne se distinguent pas par le luxe de leur cuisine ni de leur cave, mais ils ne se recommandent pas moins que d'autres, d'un ordre supérieur, à l'attention et à la bienveillance du public.

BARRIÈRE DE LA GLACIÈRE.

AUX MILLE COLONNES.

MOTIN, sur le boulevart, *Marchand de Vins Traiteur.*

Un grand salon, un joli jardin, des manières affables et une bonne qualité de vin font de cette maison de commerce un lieu bien fréquenté.

AU POINT DU JOUR.

DAMPON, *Marchand de Vins*, n° 2.

La qualité de ses articles justifie sa réputation.

MILLERAUD, *Marchand de Vins*, n° 1.

Non moins recommandable.

AU SOLEIL LEVANT.

DELACROIX, *Marchand de Vins Traiteur*, n° 4.

Les vins et la cuisine feraient la réputation de cet établissement si elle n'était déjà assurée; on y est servi avec beaucoup de promptitude; il y a un grand jardin avec tonnelles, et le grand air qu'on y respire assure aux consommateurs toutes les félicités d'un repas champêtre.

Fête à *Villejuif*, le 15 août.
A *Ivry*, le premier dimanche de mai.

BARRIÈRE D'ITALIE ou de FONTAINEBLEAU.

Les *Favorites*, qui conduisent aux Gobelins, vont jusqu'à cette barrière.

BLAIN, *Marchand de Vins Traiteur*, n° 1.

Restaurant au premier étage. Les objets de consommation sont de bon goût, le vin est excellent, et les gens qui fréquentent cet établissement appartiennent à la bonne société. Des cabinets particuliers sont réservés aux personnes qui veulent réunir aux plaisirs de la table les douceurs du tête-à-tête.

LACROIX, *Marchand de Vins Traiteur*, n° 2.

Etablissement fort modeste, mais digne de la confiance du public.

AU RENDEZ-VOUS DE LA CHASSE.

SCHMITT, *Marchand de Vins Traiteur*, n° 3.

Le fricandeau et le gibier sont toujours bien apprêtés dans cet établissement ; ce n'est pas là son seul mérite, le vin est également d'un bon cru et sans aucune exagération dans les prix

AU CERF.

FLEURY, *Marchand de Vins Traiteur*, n° 42.

Comestibles et vins de choix; grand jardin et cabinets de société où, plus d'une fois, sans doute, de trop crédules maris ont été mis en état de servir d'enseigne à l'établissement.

On rit en France d'un mari trompé, on le condamne au ridicule, et pourtant l'injurieux sarcasme devrait, avec plus de raison, retomber sur la tête de la femme coupable, car celle qui descend du mari à l'amant efface une image par une dégradation et perd ses droits à l'estime du monde. Si les femmes qui arrivent à ce premier degré d'avilissement payaient des droits aux barrières, le gouvernement pourrait abolir tous ceux qui entravent les opérations de l'industrie et du commerce : fort heureusement, l'infidélité des femmes n'empêche pas le soleil de se lever.....

On dit que les femmes sont des créatures incomplètes; qu'en matière de sentiment elles prennent souvent la raison pour une sotte et le cœur pour un oracle; que, par un esprit de délicatesse exceptionnel, elles se montrent ordinairement plus sensibles aux fades hommages d'un débauché qu'aux émotions d'un cœur pur, et que c'est toujours en suivant leurs fausses inspirations qu'elles se placent entre le mépris de l'homme trompé et celui du complice de leurs égaremens. Elles appelleront de la sévérité de ce jugement dès qu'elles auront achevé le grand œuvre, qu'elles seront parvenues à dompter l'autorité des hommes.

Les femmes du progrès, ces courageuses réformatrices qui portent de complaisans regards vers les choses de l'avenir, travaillent sérieusement à l'émancipation de leur sexe; elles font un journal qui a sa politique et sa philosophie. Elles ont définitivement échangé le fuseau contre la lyre, ces pauvres ames incomprises, ces muses désolées, au cœur vide, à la tête encore plus vide. Femmes incomparables! douces comme la gelée de groseille, que la critique vous soit légère!......

Pendant que ces esprits forts dirigeront le vaisseau de l'Etat, qu'ils commanderont des armées, les maris, devenus de vrais Bonifaces, iront au marché un cabas à la main; ils feront le ménage, soigneront le pot-au-feu, berceront les marmots et raccommoderont les bas..... Elles seraient bien attrapées, ces fragiles natures, toutes ces filles d'Ève, si un beau jour Dieu, prenant la chose au sérieux, commençait par leur envoyer de la barbe pour premier signe de leur toute-puissance!

Voilà les merveilles dont nous menace la femme,

cette œuvre seulement ébauchée, assemblage vivant des plus étranges contrastes; cœur faible et craintif, qu'un rien effarouche, et à qui la perte d'un pierrot ou d'un chat donne la fièvre. Ce diable de M. de Lamennais, bien moins galant que les abbés musqués du 17e siècle, prétend n'avoir jamais rencontré de femme qui fût en état de suivre un raisonnement un demi-quart-d'heure.

Avant l'abbé de Lamennais, Piron avait analysé d'un seul trait cette organisation exceptionnelle, d'autant plus difficile à expliquer qu'elle ne se comprend pas elle-même. Une dame demandait un jour à Piron pourquoi il n'y avait pas de rime au mot *coiffe?* L'auteur de la *Métromanie* lui répondit: « Madame, c'est que tout ce qui approche la tête d'une femme n'a ni rime ni raison. »

AU COQ HARDI.

PELLOILE, *Marchand de Vins Traiteur*, n° 7.

On y est très-bien servi, avec promptitude et propreté.

Vincent GALLIER, *Marchand de Vins Traiteur*, n° 9.

Cette maison est très-bien fréquentée; il suffit d'y aller une fois pour avoir le désir d'y retourner; les bonnes manières des maîtres, le zèle des gens de service suffiraient pour accréditer cet établissement, si la cuisine et la cave ne le rendaient très-recommandable.

AU GRAND SALON.

MERCIER, *Marchand de Vins Traiteur*, n° 18.

On y est fort à son aise et bien traité.

AUX VIGNES DE TONNERRE.

BELLOT, *Marchand de Vins Traiteur*, route de Vitry, n° 2.

Les personnes qui recherchent la bonne chère et le bon vin peuvent sans hésiter accorder leur confiance à cet établissement. Un jardin fort commode offre un plaisir plus vif à ceux qui aiment à manger et à digérer au grand air.

VIDY, n° 23.

Restaurant bien suivi, bonne cuisine, garçons et servantes officieux et prévenans.

AUX BARREAUX VERTS.

BONNET, *Marchand de Vins*, n° 32.

Ancienne réputation justement acquise.

A une petite demi-lieue de la barrière d'Italie, s'élève l'ancien château royal de Bicêtre. Ce grand monument, qui fut édifié dans de charitables intentions, en 1200, par un évêque d'Angleterre, est situé sur la droite de la route; Louis XIII y logea des officiers et des soldats blessés à son service; et lorsque Louis XIV, cédant à une pensée généreuse eût, en 1670, créé l'Hôtel des Invalides pour y recevoir les honorables débris de notre gloire militaire, ce roi conquérant fit de Bicêtre un asile pour la vieillesse indigente et les aliénés.

Une partie des bâtimens a long-temps servi de prison à ceux que des condamnations infamantes rejetaient pour toujours de la société. Avant leur départ pour le bagne ou pour l'échafaud, ces malheureux étaient enfermés dans des cabanons cellulaires, espèces de tombeaux pratiqués à une grande profondeur du sol et qui rappellent les cachots du moyen-âge ou du bas-empire, ces temps d'odieuse mémoire où descendaient vivans pour n'en jamais sortir les victimes du bon plaisir des puissans de la terre. A une époque moins reculée, des raffinemens de cruautés étaient encore exercés dans ces cabanons envers les prisonniers rebelles.

Bicêtre offrait aussi, il y a fort peu de temps, le triste spectacle du ferrement des condamnés au moment du passage de la chaîne. Les ames avides d'émotions, les *impressionnables* des boulevards pouvaient également se repaître des terribles angoisses du malheureux, qui ne sortait de Bicêtre que pour marcher à l'échafaud !

C'est un lugubre et saisissant tableau que les derniers momens d'un condamné à mort : avec quelle ardeur il se cramponne aux dernières heures d'une vie qu'il va perdre en dehors des conditions de la nature ! A la vue de l'exécuteur, le condamné pâlit, une sueur froide se répand sur tout son corps, ses yeux se renversent, sa voix se perd quelquefois dans des sanglots déchirans, et alors le malheureux se tord dans d'horribles convulsions. Voilà l'homme que l'audace a soutenu dans l'accomplissement du crime, et qui à l'heure suprême demande grâce à ses bourreaux ; qui dispute par des lenteurs quelques minutes de plus à la mort qui l'attend : toute son énergie a disparu devant les apprêts du supplice, qui viennent l'avertir qu'il n'a plus qu'à obtenir l'absolution du prêtre et le pardon des hommes.

Le château de Bicêtre fut jadis la réunion de toutes les infirmités, de toutes les misères de l'humanité : les nombreuses améliorations, les mesures de propreté qui ont été adoptées dans ce vaste établissement ont entièrement effacé le sentiment d'horreur qu'il avait long-temps inspiré. C'est maintenant de la prison de la Roquette, où sont transférés les grands coupables après leur jugement, que des voitures cellulaires les transportent au bagne ; de telle sorte que Bicêtre rendu à sa véritable destination, réalisant sept siècles plus tard les pieuses intentions de son fondateur, est aujourd'hui un agréable et salutaire refuge offert au malheur par la charité publique.

Les familles qui ont des vieillards à Bicêtre vont habituellement passer avec eux la journée du dimanche ; on dîne chez le marchand de vin, on remplit la tabatière et la blague du vieux, on glisse dans son gousset la petite pièce et on s'en revient satisfait d'avoir fait diversion, apporté quelque soulagement à la vie trop uniforme du vétéran de la famille.

Il y a aux alentours de Bicêtre quelques établissemens qui méritent d'être recommandés.

POUAILLET, *Marchand de Vins Traiteur.*

Excellente cuisine très-variée, pâtisserie recherchée, bon accueil et bon vin.

Veuve MALLET, *Marchand de Vins Traiteur.*

Service bien ordonné, bonne cave et extrême propreté.

Louis VALLÉE, *Marchand de Vins Traiteur.*

Cuisine délicate, vins de choix et promptitude dans le service.

Non loin de Bicêtre, on aperçoit *Gentilly*, bâti sur l'antique cimetière des Romains, et qui devînt la résidence des rois de France de la première et de la deuxième race. C'est sans doute à cause de sa situation dans la partie la plus méridionale des environs de Paris que Gentilly est habité par un grand nombre de blanchisseuses. D'après l'ancienne croyance populaire, les revenans tenaient leur sabbat dans les carrières de Gentilly, et les habiles d'alors exploitaient avec avantage ces ridicules superstitions.

Gentilly est un village de la plus haute antiquité ; ses terres cultivées datent du 7e siècle ; son nom vient d'un ancien possesseur, du temps que les Romains campaient aux environs de Paris ; c'était une dignité militaire, comme sous l'empire, Napoléon décorait ses généraux du nom d'une province conquise.

Fête à Gentilly le deuxième Dimanche de Mai.

DUMÉLAY, *Marchand de Vins Traiteur.*

Consommation de bon goût, cave soignée et prix modérés. Cet établissement est le plus recommandable de Gentilly ; on y est servi avec promptitude et propreté.

BARRIÈRE DES DEUX MOULINS.

Les *Batignollaises*, près la place du Palais-Royal, rue Saint-Honoré, servant la ligne de *la Gare*, conduisent à cette barrière.

AU MOUTON.

FREYCHET, Marchand de Vins Traiteur.

On y mange de très-bonnes côtelettes de mouton, qu'on peut arroser avec du bon vin; on est servi avec beaucoup d'aménité, sans doute pour justifier le titre de l'établissement.

A LA BATAILLE D'AUSTERLITZ.

JUBERT, Marchand de Vins Traiteur.

La commodité d'un grand jardin et la bonne qualité des articles de cette maison ont probablement été, dans le principe, les raisons qui lui ont valu une réputation méritée.

A LA BELLE VENDANGEUSE.

DENIS, *Marchand de Vins Traiteur*, n° 15.

Le vin, principalement, répond aux espérances que permet de concevoir le titre sous la protection duquel s'est placé ce modeste établissement.

AU PETIT BACCHUS.

BILLIONT, *Marchand de Vins Traiteur*.

Le titre de cette maison, emprunté aux divinités de la fable, a mis le propriétaire dans l'obligation d'avoir d'excellent vin; jusqu'à présent il a fidèlement tenu ce que l'enseigne avait promis.

A LA BELLE MOISSONNEUSE.

LATRUFFE, *Marchand de Vins Traiteur*.

Le nom du propriétaire retentit fort agréablement à l'oreille des gourmets; ceux qui se trouveront séduits par le prestige de ce nom, ne peuvent avoir qu'à s'en louer; la cuisine et la cave sont dignes d'éloges, et la quantité de personnes qui se pressent le dimanche et le lundi dans le jardin spacieux de cet établissement, produit une *moisson* qui doit sonner très-agréablement dans la caisse de M. Latruffe.

AU GRENADIER FRANÇAIS.

BOUDIN, *Marchand de Vins Traiteur.*

C'est dans un très-beau jardin que le vieux grognard nourrit et désaltère convenablement ses habitués.

BARRIÈRE DE LA GARE.

Les voitures qui conduisent à cette barrière sont les mêmes que celles indiquées à la barrière précédente.

LE RESTAURANT DU HAMEAU, n° 2.

La science des fourneaux n'est pas étrangère à cet établissement, tout y est bien apprêté et l'on peut, dans des cabinets particuliers, à côté d'une femme charmante, savourer les douceurs du vol-au-vent et de la gibelotte inclusivement.

THIEBAULT, *Marchand de Vins*, n° 3.

AU GRAND FRÉDÉRIC.

DUSAUTOY AÎNÉ, n° 5.

Restaurant qui se distingue par les matelottes et les fritures. La bonté du vin vient ajouter à la délicatesse des mets; aussi cet établissement, protégé par un des beaux noms de l'histoire, ne travaille-t-il pas pour le *Roi de Prusse*.

BARRIÈRE DE LA RAPÉE.

Les *Orléanaises*, qui viennent de Neuilly et qui stationnent au Louvre, font le service de cette barrière.

JOUAULT, *Marchand de Vins Traiteur*, n° 1.

AUX PETITS MARRONNIERS.

BOURGOGNE, n° 3.

Excellent restaurant bien fréquenté, et qui mérite sous plusieurs rapports la confiance du public.

AU GRAND BALCON.

LORIOT, n° 1 *bis*.

Restaurant de second ordre à des prix modérés.

LECUIROT, *Marchand de Vins Traiteur*, n° 9.

En réputation pour les matelottes et les fritures.

les vins y sont bons, les servantes aimables et prévenantes.

AUX MARRONNIERS.

BLAIN.

Restaurant de première classe. Cave soignée, cuisine recherchée ; on est servi avec empressement et propreté.

RESTAURANT DU MIDI.

Cet établissement est généralement apprécié pour la qualité des vins et pour les objets de consommation.

A LA RENOMMÉE DES BONNES MATELOTTES.

BLAIN, n° 10.

Cette spécialité des matelottes n'est pas le seul motif qui fasse rechercher ce restaurant ; la cuisine et les vins engagent le consommateur à revenir.

ANDRÉ, *Marchand de Vins Traiteur*, n° 21.

Comme ses confrères en matelottes et fritures,

M. André atteint un degré de perfection qui ne trompe les espérances de personne.

AU ROCHER DE CANCALE.

VERRIER, *Restaurateur*, n° 23.

La qualité des vins et la délicatesse des mets ont assuré la prospérité de cet établissement.

BOIGNART, *Café-Restaurant, avec grand Jardin,* n° 25.

On y est traité avec empressement et propreté.

AU GRAND ORIENT.

MICHEL, n° 39.

Restaurant bien suivi à cause de sa cuisine, de sa cave et des cabinets particuliers, qui ne sont pas sans un certain agrément.....

BARRIÈRE DE BERCY.

Ce sont les *Omnibus* du Faubourg du Roule à la Bastille, en suivant la ligne des boulevards, qui conduisent à Bercy.

GODEFROY, n° 10.

Restaurant fort achalandé, aimé du public par toutes les raisons qui assurent la prospérité de ce genre d'établissement.

AU GRAND SAINT-FIACRE.

HAMLINNE, *Marchand de Vins*, n° 1.

FOURNIAUX, *Café-Restaurant*, n° 2.

Le public peut, avec toute la commodité qu'offrent les cabinets particuliers, trouver dans cette maison tout ce qui constitue les plaisirs de la table.

Fête à Bercy le dimanche après le 8 septembre.

BARRIÈRE DU TRONE.

Cette Barrière est la plus belle de Paris, après celle de l'Etoile. Comme souvenir historique, elle n'a d'autre intérêt que d'avoir été élevée à l'endroit même par où, deux cents ans auparavant, Heuri IV était entré dans Paris aux acclamations d'un peuple immense, pour venir à Notre-Dame réaliser cette pensée que Paris valait bien une messe.

L'abjuration d'Heuri IV fut une nouvelle preuve que le Christianisme est la religion que les hommes les plus éclairés de tous les temps ont embrassée. Depuis que s'élevèrent vainqueurs les monumens du Christ, sa religion fut respectée par ceux même dont la raison se refusait à la croyance qu'elle impose; et Henri IV, mieux que personne, comprit qu'en venant s'asseoir sur l'un des plus beaux trônes du monde, il devait foi et hommage à l'autel où la grande majorité d'un peuple sacrifiait.

Les principales religions s'accordent avec le Christianisme sur le grand principe des êtres. Qu'Adam, la tige, le papa de tout le genre humain, ait été fait avec de l'argile, d'après Bayle, ou que, suivant Photius, *la Sapience* (la Sagesse) ait pondu un œuf dans le Paradis terrestre, d'où nos premiers pères sont sortis comme une paire de poulets, personne ne met en doute l'existence d'un être suprême;

et si le scepticisme religieux produisit de grands malheurs, la société actuelle reconnaît qu'il faut que la faiblesse humaine se rattache à une illusion consolante quand la réalité lui échappe, et que sous le paisible abri de la religion, sous ce manteau sacré, les blessures de l'esprit et du cœur se cicatrisent mieux : cela est si vrai, qu'en priant près d'une urne funéraire la douleur semble moins amère.

Les *Omnibus* qui font le service des boulevards conduisent à la barrière du Trône.

AUX DÉLICES.

LELIÈVRE, *Marchand de Vins Traiteur*.

Beau jardin, bal bien composé, service prompt et bien ordonné, bonne cuisine, bon vin, et généralement tout ce qui fait les *délices* de la table.

AU RENDEZ-VOUS DES CRIARDS.

..... *Marchand de Vins Traiteur*, n° 8.

Etablissement bien suivi, bonne cave, cuisine appétissante, propreté et modération dans les prix.

PLACE SAINT-MANDÉ, AU BOUT DE L'AVENUE.

Restaurant à la carte fort bien tenu, cuisine variée et de bon goût, vins de choix et extrême propreté.

A une lieue de la barrière on trouve le bois de Vincennes, mais on n'y aperçoit plus le chêne tutélaire sous lequel, par de justes arrêts, saint Louis protégeait la chaumière contre les insultes des grands.

On peut voir le Château de Vincennes, antique prison d'Etat où s'élève un donjon construit par Charles V, et qui, depuis Louis XIII, n'a eu qu'une odieuse destination. Les murs de ces cachots portaient encore, il y a quelque temps, les témoignages du désespoir de ceux qui les habitèrent, continuellement assaillis de lugubres pensées. Ce fut dans cette forteresse que le général Daumesnil, en opposant à l'invasion de l'ennemi, en 1814 et 1815, une si noble résistance, montra tout ce que peut un cœur français animé du dévouement à la patrie.

Fête à *Vincennes* le 1er dimanche après le 15 août.

A *Alfort*, le 2e dimanche de juillet.

A *Charenton*, le même jour.

A *Creteil*, le 1er juillet.

A *Saint-Maur-le-Pont*, le dimanche après la Saint-Laurent.

A *Saint-Mandé*, le dimanche après la St.-Pierre.

BARRIÈRE CHARONNE.

AU GRAND SALON DE CONSTANTINE.

RIBOULET, Marchand de Vins Traiteur, sur le boulevard, n° 64.

BEUCHET, Marchand de Vins, n° 62.

Cabinets particuliers.

AUX NOCES DE CANA.

ROBERT, Marchand de Vins, route de Charonne, n° 4.

DENOYEZ, Marchand de Vins, n° 34.

Jardin spacieux et commode.

A LA FLOTTE.

DESIRE, Marchand de Vins, n° 8.

Berceaux et jardin charmans.

ANDRÉ, *Marchand de Vins Traiteur*, n° 17.

Cuisine allemande, choucroute délicieuse.

AUX BARREAUX VERTS.

FÉBRAUD, *dit* NANTAIS, *Marchand de Vins Traiteur.*

Cabinets particuliers.

Les personnes qui fréquentent ces établissemens n'ont jamais eu qu'à se louer de la bonté des mets, de la qualité des vins et de la modicité des prix.

Fête à *Bagnolet*, le 1er dimanche de septembre.
A *Charonne*, le 10 août.

A cause d'une qualité toute particulière de terrain, cette contrée de Charonne serait, dit-on, très-favorable à la culture du tabac.

Il est certain qu'à une époque où les fumeurs sont en si grande majorité, il y aurait quelque raison de multiplier les produits de cette herbe malfaisante, cette exécrable drogue qui a donné lieu aux habitudes les plus dégoûtantes de la race humaine.

La médecine, dans sa constante sollicitude, réclame inutilement contre cet usage pernicieux auquel elle attribue la plupart des maladies de poumons qui, en ouvrant des tombes prématurées, jettent dans la désolation des familles dignes de beaucoup d'intérêt.

C'est une plaie tellement agrandie qu'elle transforme en véritables tabagies les plus charmans réduits. Les papillons du grand monde qui bourdonnent autour des tendres fleurs de la Chaussée-d'Antin et du noble faubourg, mêlent aujourd'hui à leur vaporeux langage la puanteur du cigare.

Cette licence de mauvais goût n'aurait jamais aussi ouvertement blessé les lois du bon ton, s'il ne se rencontrait dans la classe élevée, comme dans la classe intermédiaire de la Société, des femmes assez peu délicates pour souffrir et encourager même de si grandes inconvenances. Les femmes ne devraient jamais oublier que sans elles les hommes seraient les animaux les plus indécrotables de la création : nous leur devons toute notre civilisation, tout ce qui fait l'homme de bonne compagnie, et c'est avec raison qu'autrefois à Athènes l'usage voulait qu'au sortir du collége les jeunes gens achevassent dans un cercle de femmes leur première éducation.

Le fumeur ne respecte rien ; il est d'un despotisme atroce, il est anti-social, tout ce qu'il y a de plus bédouin, il fumerait sur les ruines du monde ! Les gracieux priviléges de la vie intime, tous ces heureux momens qui rendent moins amères les grandes infortunes, s'évanouissent pour lui devant les sales attraits d'une *pipe culottée*.

BARRIÈRE DU PÈRE LACHAISE.

Cette barrière, si voisine du cimetière de ce nom, où la vanité marque en se jouant la place de la mort, n'est pas moins animée que les autres barrières de Paris. Les joies bruyantes du dimanche contrastent singulièrement avec le silence éloquent des tombeaux, pour montrer sans doute qu'il y a quelque chose de plus terrible que la mort, c'est l'oubli !...

Les *Dames Blanches*, ou les *Dames réunies*, vont au *Père Lachaise*.

JAMES, *Marchand de Vins Traiteur*, n° 15.

Bonne renommée et bon vin, salon et billard.

A LA FONTAINE DE BOURGOGNE.

LAMOTTE, *Marchand de Vins Traiteur*, n° 13.

Le soin scrupuleux qu'apporte le maître de cet établissement dans le choix de ses approvisionnemens en vin, lui a valu la confiance du public.

BARRIÈRE DES AMANDIERS.

AUX AMANDIERS.

MOREL, *Restaurateur.*

Avantageusement connu. — Deux beaux jardins, de vastes salons, bonne cuisine, vins de choix et Bal champêtre.

AU RETOUR DU PERE LACHAISE.

Antoine FILLEUL, *Marchand de Vins Traiteur.*

Grands salons, service régulier et bonnes qualités.

Le titre de cet établissement indique l'usage généralement admis à Paris de calmer immédiatement par les douceurs de la table la douleur que nous occasionne la perte d'un être cher à nos affections. Ainsi après avoir arrosé de ses pleurs la tombe d'une épouse, d'un parent, d'un ami, on va gaiement à deux cents pas de là, noyer ses regrets dans un verre de vin. Si cette manière de se consoler n'est pas précisément en harmonie avec le respect que l'on doit aux morts, elle s'accorde parfaitement avec la légèreté du caractère français.

BARRICAULT, *Marchand de Vins.*

Cabinets particuliers, bonne chère et bon vin.

AU PAVILLON NATIONAL.

DEVILLE, *Restaurant avec grand jardin.*

Salons et cabinets particuliers; tir au fusil, au pistolet et à l'arc. Après ces divers amusemens, qui prouvent que les hommes ne sont que de grands enfans, on peut se livrer aux exercices de la fourchette au moyen d'une cuisine succulente et variée.

BARRIÈRE MESNIL-MONTANT.

AU GRAND BALCON.

HENRY, Marchand de Vins, n° 2.

Cabinets particuliers, vins et comestibles sans reproche, à des prix très-raisonnables.

AU LEVER DE L'AURORE.

Malgré la lourde faute de ce titre, LISEUX, Marchand de Vins, a su mériter la confiance du public. On pense que, cédant à des conseils éclairés, LE POINT DU JOUR remplacera bientôt LE LEVER DE L'AURORE.

AUX ARMES DE FRANCE.

GELIN.

Restaurant avec grand salon, beau jardin, bonne cuisine et cabinets particuliers.

A LA BARQUE A CARON.

COLAS, *Marchand de Vins Traiteur*, n° 8.

Beau jardin et vin sans eau.

RABUTÉ, *Marchand de Vins*, n° 7.

Grand salon.

A SAINT FIACRE.

François BIGOT, *Marchand de Vins Traiteur*, n° 9.

Dans cet établissement, qui, d'après son titre, semblerait exclusivement fréquenté par des cochers, on y trouve une cuisine et une cave dignes de gens d'un goût plus délicat.

AU RETOUR DE LA PAIX.

THIEBAUT, *Marchand de Vins*, n° 14.

Très-beau jardin.

MÉRIGONDE, *Marchand de Vins Traiteur*, n° 17.

La bonne tenue de cette maison, la commodité

d'un grand jardin et la certitude d'être bien servi ont puissamment contribué à lui donner une excellente renommée.

AU GALANT JARDINIER.

DIGOIN, *Marchand de Vins Traiteur*, n° 23.

Beau jardin, bonne cuisine, et une affabilité qui ne laisse aucun regret dans l'esprit des personnes qui ont été séduites par le titre de cette maison.

A LA PROVIDENCE.

LEBATARD, *Marchand de Vins Traiteur*, n° 22.

L'origine des noms vient de la diversité des professions et des caractères ou signes particuliers. J'ignore si le maître de l'établissement, confié aux soins de la Providence, est un enfant anonyme, un berceau abandonné, comme son nom semblerait l'indiquer : dans cette supposition, il n'en serait que plus recommandable et plus digne des encouragemens du public.

AUX BARREAUX VERTS.

DIOSNE, *Marchand de Vins Traiteur*, n° 36.

La bonne chère, le bon vin, des cabinets particuliers et un service actif constituent le mérite de cette maison.

AU PAVILLON POLONAIS.

Veuve MOTIN, Marchande de Vins.

Jardin et cabinets, achalandage obtenu par toutes les qualités qui font les réputations.

CHEZ MA TANTE.

La singularité du titre est un sujet d'entraînement qu'on ne regrette pas lorsqu'après une partie au jeu de siam, dans un joli jardin, on a goûté les comestibles et le vin de *Ma Tante*.

Le premier dimanche d'août, fête à *Mesnil-Montant*.

C'est à cet endroit des environs de Paris que les Saints-Simoniens, ces novateurs religieux du 19e siècle, avaient établi leur résidence. Luther chantait des cantiques, mendiant son pain de porte en porte ; les Saints-Simoniens chantaient des hymnes à Mesnil-Montant pour exciter la foi des ames assez crédules pour voir là autre chose que la plus ridicule jonglerie. Si l'on avait laissé faire ces gaillards-là, bientôt on aurait vu sortir de leur rang un autre *Chaumette,* s'écriant dans le temple de la Raison : « Plus de prêtres! Plus de dieux que ceux que la nature nous offre!..... »

Misérable utopie digne des faux tribuns de l'époque actuelle, vrais despotes de salons, mauvais époux et souvent mauvais pères; durs, intraitables envers les êtres faibles, et dont les actes sont constamment en opposition avec la doctrine qu'ils enseignent, morale sublime du Christ qui consiste à *ne jamais faire à autrui ce que nous ne voudrions pas qui nous soit fait;* coryphées imposteurs trahissant impunément les vertueux principes dont ils se parent, car il n'y en a pas un qui ne regarde comme une excellente plaisanterie de poursuivre dans l'abaissement de la femme le déshonneur du mari; l'opprobre d'une famille honorable par la séduction d'une innocente fille, qui n'a souvent pour tout bien que sa couronne virginale..... Honte à ceux-là, car, loin d'accomplir la noble mission d'élever l'ordre social, de lui donner cette consistance morale qui seule fait sa puissance et sa durée, ils en préparent la réprobation.

BARRIÈRE DES COURONNES.

A L'ÉLYSÉE.

Café-Restaurant en pleine réputation ; tir au pistolet et grand bal, où de fraîches et jeunes filles, trompant la surveillance de leur mère, viennent gaîment s'exposer aux dangers de la séduction. Cet établissement n'en est pas moins un rendez-vous général de toutes les personnes qui tiennent à la bonne chère et au bon vin.

LEFEUVRE, *Marchand de Vins Traiteur*, n° 19.

Table d'hôte bien composée et bien servie le dimanche et le lundi.

A LA GAITÉ.

Alexandre BOULOY, *Marchand de Vins Traiteur.*

A LA BONNE UNION.

DERVIAUX, *Marchand de Vins Traiteur*, n° 8.

A LA FOLIE RAISON.

Alexis COLONEL, n° 4.

Restaurant fort suivi, tant à cause des agrémens d'un joli jardin que de la certitude d'y trouver constamment une excellente cave et une cuisine recherchée.

LAVENANT, *Marchand de Vins*, n° 6.

Grand jardin, bal et cabinets particuliers.

JARDIN DU DELTA.

C'est là qu'étaient autrefois les montagnes françaises; cet emplacement a été converti en un beau jardin où il y a restaurant et café. Le dimanche et le lundi, les exercices d'un magicien, le feu d'artifice et le bal offrent une diversité d'amusemens qui n'est pas piquée des puces.

BARRIÈRE DE BELLEVILLE.

Les voitures de cette ligne stationnent à la place Dauphine et passent par la place de l'Hôtel-de-Ville, rue du Temple, etc.

AUX ARMES DE FRANCE.

MAUGARD, *Marchand de Vins Traiteur*, n° 20.

GEFFROID, *Café-Restaurant*, n° 18.

Réunion suivie et bien composée. Malgré la quantité de monde qui se porte à cet établissement, on s'y trouve fort à l'aise dans un très-grand salon; le service s'y fait très-promptement, et la bonne qualité des vins répond à la délicatesse de la cuisine.

A LA PÉLERINE.

GAUCHER, n° 12.

Restaurant bien famé; on y revient assidument quand une fois on l'a apprécié.

GUERIN, *Marchand de Vins Traiteur*, n° 10.

Jeu de siam, bonne chère et bon vin.

AU LION D'OR.

LACHASSINE, *Marchand de Vins Traiteur*,

AU GRAND SAINT-MARTIN.

BOITEUX, *Marchand de Vins Traiteur.*

Grand salon éclairé au gaz. Etablissement bien fréquenté.

AU PETIT SAINT-MARTIN.

FAVIÉ, *Restaurant.*

Le public a depuis long-temps adopté cette maison. On y est traité avec un soin minutieux, une propreté délicate; la cuisine et la cave de M. Favié sont d'une perfection digne d'éloges.

AU CHATEAU DU COQ.

DENOYEZ, *Marchand de Vins Traiteur.*

Grand salon éclairé au gaz. Le dimanche et le

lundi, grand bal bien composé, bonne musique; la surveillance y est exercée de manière à exclure tout ce que de pareils divertissemens hors barrière ont presque toujours de licencieux et d'immoral.

Du plateau de Belleville, on distingue les vues les plus gracieuses et les plus pittoresques, on aperçoit des champs couverts de groseillers, de lilas et de rosiers.

Le 24 juin, jour de la Saint-Jean, il y a fête à Belleville. Dans ce jour de solennité, le fameux restaurant de l'*Ile d'Amour* se fait remarquer par un concours nombreux de consommateurs, on n'en est pas moins bien et promptement servi; la bonté de la cuisine et des vins atteste la prévoyance et les habitudes d'ordre du chef de cet établissement.

Après Belleville vient le bois si pittoresque de Romainville, renommé pour le dénouement d'amoureuses intrigues. Toutes les prières de l'évêque de Rouen, qui donna son nom à Romainville, ne suffiraient pas pour apaiser la colère du ciel sur les nombreux et flagrans délits de sentiment qui se commettent dans le bois de Romainville. Sous les simples dehors d'une promenade pastorale, d'heureux couples s'en vont à l'ombre des réduits délicieux, des charmilles impénétrables, glisser sur le sentier fleuri des amours. Que de jeunes et innocentes filles dont le cœur s'est trop promptement ouvert à de faux sentimens, ont vu, dans les endroits mystérieux du bois, remplis d'ombre et de silence, s'effeuiller les roses blanches de leur couronne!..... Les baliveaux en diraient de belles si la nature prévoyante ne leur avaient refusé la parole.

L'isolement et la nuit favorisent singulièrement les mystérieuses délicatesses de la pudeur : le prestige de la passion, toutes ces délicieusses folies qu'inspire l'amour expansif se parent aux yeux d'une femme des couleurs de la réalité; sa raison n'oppose plus alors qu'une puissance à moitié vaincue aux envahissemens de l'erreur, et elle sort du bois sage comme la Madeleine avant qu'elle fût sainte; heureuse encore quand celui qui a entouré sa crédulité de tous les artifices de la séduction, n'appartient pas à cette classe de misérables qui se parent avec la honte d'une femme comme d'un ornement de bon goût, et qui renoncent à elle comme on met de côté un meuble de rebut. Si alors les Dieux immortels n'accordent pas à cette nouvelle Ariane un *bienfaiteur*, elle n'a plus que la CHAUMIÈRE pour dernier asile de sa pudeur effarouchée.

A L'ILE DE CALYPSO, dans le bois de Romainville, on peut à côté de sa blonde amie, faire un repas délicieux; les discrètes charmilles, les fraîches tonnelles, les bosquets enchanteurs de cet établissement s'allient merveilleusement à tout ce qu'ont de voluptueux les plaisirs d'un dîner champêtre. La délicatesse des mets, la finesse des vins et l'ordre le plus parfait dans le service complètent des jouissances que n'interrompent jamais les joies bruyantes dont on est accablé dans la plupart des établissemens de ce genre.

Fête à *Romainville*, le premier dimanche d'août.

A une faible distance de Belleville, on peut aller se délasser à l'ombre des spirituels bocages du *Pré Saint-Gervais*, où le roi Henri IV aimait à venir si souvent avec Gabrielle d'Estrées. L'aspect de ce petit village présente les plus rians tableaux, les plus gracieux paysages; ces champs fleuris et fertiles, devinrent, en 1814, le théâtre des combats les plus acharnés contre les troupes alliées.

Le premier dimanche d'août, fête au *Pré Saint-Gervais.*

BARRIÈRE DU MONT-PARNASSE.

Cette barrière, comme celle du Père-Lachaise, offre le même contraste des folies du monde à côté du grave recueillement qu'inspire la cendre des morts. Que de profondes douleurs pieusement déposées sur les dalles funèbres, dans les allées tristes et sombres du cimetière du Mont-Parnasse ont été distraites le dimanche par l'éclat importun des divertissemens de la barrière? Ainsi va le monde, les uns rient, les autres pleurent. C'est à l'aide de ces sentimens opposés, de l'infortune et de la félicité, que M. Azaïs a établi de très-bonne foi son *Système des Compensations* entre le malheureux qui n'a pas de pain et le riche insolent chez qui de plus insolens valets gaspillent journellement de quoi nourrir dix pauvres familles.

Voitures les *Parisiennes*, allant au chemin de fer, Vaugirard, Meudon et place des Victoires.

AU BON COIN.

RICHEFEU, *Marchand de Vins Traiteur*, n° 1.

3.

A LA FONTAINE DE BOURGOGNE.

RICHEFEU Fils, *Marchand de Vins Traiteur*, n° 6.

AUX DEUX AMIS.

SAGE, *Marchand de Vins Traiteur*, n° 3.

AUX DEUX ÉLÉPHANS.

RABY, *Marchand de Vins Traiteur.*

AUX DEUX EDMOND.

PERRAUX, *Marchand de Vins Traiteur.*

Ces établissemens sont principalement fréquentés par les ouvriers, et ceux-ci n'ont qu'à se louer de la manière dont ils y sont traités.

A LA VILLE DE TONNERRE.

Veuve GRADOS et Fils, *Marchands de Vins Traiteur, de première classe.*

Cet établissement est fort beau; il y a un vaste

salon éclairé au gaz où on danse les jours de fête ; la cuisine est très-variée, et les vins ordinaires sont de premier choix.

RICHEFEU, *Marchand de Vins Traiteur*, n° 24.

AU VEAU QUI TETTE.

COLLET, *Marchand de Vins Traiteur*, n° 32.

On y est très-commodément, fort bien servi et à des prix modérés.

AUX QUATRE SAISONS.

SENÉ, *Marchand de Vins Traiteur*, n° 17.

Grand jardin où on est servi d'une manière très-convenable. Bal le dimanche et le lundi.

AUX MILLE COLONNES.

CONSTANT, *Marchand de Vins Traiteur*.

Beaux salons, bal bien fréquenté, service prompt et bien ordonné.

A LA POLONAISE.

ALEXANDRE, *Marchand de Vins Traiteur*, n° 21.

Jardin fort agréable, joli bal, consommation soignée.

PRADO D'ÉTÉ.

LATAPPE, Gendre de ROMAGNY, n° 25.
Marchand de Vins Traiteur.

Jardin illuminé le soir avec un luxe ravissant, bal distingué, comestibles préparés avec un soin minutieux et vins fort estimés.

CAFÉ DE LA GAITÉ.

Cet établissement tenu par M. Topinot, réunit à toute la commodité des cafés de Paris une variété dans la consommation et les liquides, qui lui a valu une excellente renommée.

THÉATRE.

On ne traduit pas à ce Théâtre les beautés de

Racine, de Corneille ni de Molière; les acteurs ne sont pas de hautes puissances de coulisses, mais ils ont le mérite de se faire applaudir et de contribuer, en secondant une sage direction, aux succès de l'entreprise.

Le 15 août, jour de l'Assomption, il y a fête à *Mont-Parnasse*.

BARRIÈRE DU MAINE.

TONNELIER, *Marchand de Vins Traiteur.*

Salons et cabinets particuliers, bonne cuisine et bons vins, bal le dimanche et jours de fête.

CHEZ MA TANTE.

Restaurant bien tenu, beaux jardins, fraîches et agréables tonnelles, bonne cave et cuisine soignée.

Le Chemin de Fer de la rive gauche conduit :

A *Bellevue*, fêtes les 15 et 16 août.

A *Vanves*, le 3 octobre.

A *Issy*, 1ᵉʳ août.

A *Chaville*, 15 août.

A *Fleury*, jour de la Saint-Pierre, 1ᵉʳ août.

A *Meudon*, les deux dimanches après le 4 juillet.

A *Ville-d'Avray*, le 18 août.

A *Saint-Cloud*, le premier dimanche de septembre.

Le village de Saint-Cloud prend son nom d'un

ancien prêtre qui y fut sanctifié et inhumé, et que l'on dit fils de Clodomir, roi d'Orléans, petit-fils de Clovis et de Sainte-Clotilde. Il s'opéra sur son tombeau quantité de miracles; un mausolée d'une grande beauté s'élevait au-dessus de cette sépulture avant que les huguenots l'eussent abattu.

Saint-Cloud, bâti au couchant de Paris dans l'un des plus beaux points de vue de ses environs, fut le séjour de prédilection de Napoléon; le Château royal était son palais favori, il y traita les plus importantes affaires publiques, et c'est à son goût pour les arts qu'on est redevable des immenses travaux, des embellissemens de toute espèce qu'il y fit exécuter. En 1814 et 1815 tant de beautés furent audacieusement souillées par l'habitude des mœurs dures et sauvages des généraux russes et prussiens.

A LA GRILLE DU PARC.

LE GRIEL.

Restaurant de premier ordre; la cuisine est excellente, les fritures méritent une mention particulière; la cave y est l'objet des soins les plus attentifs, et tout dans cet établissement contribue à soutenir sa prospérité.

CAFÉ DU PARC.

MOREL.

Raffraîchissemens variés, déjeûners à la fourchette, excellent café, bal, réunion décente et ordre parfait.

Fête de Saint-Germain les 23, 24 et 25 mai.

La commodité du chemin de fer de la rive droite rend les communications plus fréquentes avec Saint-Germain et Saint-Cloud. On peut aussi, sur cette route, faire une légère diversion en allant à Ruel déposer un humble et respectueux hommage sur le tombeau de l'ancienne impératrice des Français, cette première femme de Napoléon qu'il avait tant aimée alors que son étoile brillait d'un si vif éclat.
Au sortir de Ruel on visite la *Malmaison*, délicieuse habitation où Joséphine, après avoir ceint le diadême, allait passer tous les momens que lui laissaient les obligations de son rang. Les habitans des villages voisins de la Malmaison répandent encore des pleurs d'amour au récit des vertus et de la noble bienfaisance de Joséphine.

BARRIÈRE DE VAUGIRARD.

Voitures *les Parisiennes* allant à Meudon, Neuilly, Croix-Rouge et correspondances.

MAZEN, *Marchand de Vins Traiteur.*

Salons et cabinets particuliers, bonne chère et bon vin.

AU SAPEUR.

NICOLAS, *Marchand de Vins Traiteur.*

Cave et cuisine recherchées, soins empressés et modération dans les prix.

MARGUERIE, *Marchand de Vins Traiteur.*

Mets bien apprêtés, bonnes qualités de vin et grande propreté.

Fêtes le dimanche après la Saint-Jean, les 19 et 26 septembre.

Il y a à Vaugirard un grand nombre de guinguettes fréquentées par la classe ouvrière qui vient le dimanche oublier les pénibles travaux de la semaine. Chacune de ces guinguettes a une salle de bal pour l'hiver; on danse l'été sur le gazon.

Le lait qu'on vend journellement dans Paris vient en grande partie de Vaugirard et de Montrouge. L'immense quantité qui entre dans la consommation étant fort au-dessous de la production, il en résulte que la cupidité, qui ne respecte rien, exploite avec audace les habitudes de la classe pauvre en lui vendant un aliment qui n'a du lait que la couleur. Le nombre des laitières est très-considérable, et toutes prospèrent; il n'est pas juste que le bien-être de quelques-uns se fasse aux dépens des autres, et par d'aussi indignes moyens. La police, malgré sa sollicitude éclairée, la vigilance la mieux exercée, ne peut que très-imparfaitement surveiller ces effrontées marchandes de carrefours et de portes cochères, qui viennent chaque matin échanger contre de bon argent leur sale et dégoûtante marchandise si honteusement dénaturée. Il conviendrait d'instituer une commission spécialement chargée de constater ces sortes de contraventions et les déférer aux tribunaux, afin qu'une prompte et salutaire répression arrêtât les progrès effrayans d'un abus commis avec d'autant plus de lâcheté qu'il exerce son empire sur la classe la plus digne d'intéresser le cœur des magistrats. Nul doute qu'en soumettant plus fréquemment le lait à une sérieuse analyse, la présence de substances pernicieuses pourrait éclairer la science sur une infinité de maladies qui affligent principalement les malheureux, et dont souvent on recherche inutilement la cause. Il arriverait alors, qu'à l'aide de justes et sévères punitions, on détruirait insensiblement une coupable industrie qui, en augmentant sans nécessité le nombre des laitières, contribue peut-être à faire naître ces épidémies passagères, alarmantes pour les familles, et qui peuplent d'une manière désespérante les hospices de Paris.

Jamais on n'a plus effrontément spéculé sur l'inexpérience et la crédulité populaires ; dans aucun temps on n'a fait un plus étrange abus des honorables prérogatives du commerce à l'aide de scandaleuses industries, que la loi n'atteint pas ; et si le Gouvernement ne se ravise, tous ces industriels, tous ces marchands ambulans qui trompent journellement la bonne foi publique par leurs merveilleuses inventions, finiront par nous vendre de la pommade de bretelles pour guérir radicalement, et sans douleur, tous les maux qui assiégent l'humanité.

BARRIÈRE DE SÈVRES.

Voitures les *Favorites*, allant au Marais, bains de Tivoli, correspondance avec les chemins de fer et la barrière du Trône.

AU PETIT BERCY.

LEFÈVRE, *Marchand de Vins Traiteur.*

Consommation et vins dignes d'être appréciés. Prix très-modérés.

TILLY, *Marchand de Vins Traiteur*, nº 2.

De beaux salons, bonne cuisine et bonne cave.

BALLOT, nº 3,
HERGUE, nº 8,
CHARPENTIER, nº 11,
VASSELIN Jeune.
} *Marchands de Vins Traiteurs.*

Avec jardins, service régulier et propreté.

A LA VILLE DE TONNERRE.

SOUDÉE, *Marchand de Vins Traiteur.*

Bien achalandé; maison tenue avec soin, cuisine recherchée et excellent vin.

AU GRAND SAINT-BERNARD.

RAGACHE, *Marchand de Vins Traiteur.*

Prévenances et promptitude dans le service, mets et vins de choix.

Fête à *Sèvres*, le 3 octobre.

La manufacture de porcelaines de Sèvres date du dernier siècle; elle a atteint un degré de perfection qui rend aujourd'hui ses productions d'une supériorité incontestable sur les porcelaines de la Chine et du Japon.

BARRIERE DE L'ÉCOLE.

Voitures *Dames réunies*, allant à Montmartre et au faubourg Poissonnière.

ALLIAUD,
LESECQ,
} *Marchand de Vins Traiteur.*

Economie et propreté.

AU SALON DE MARS.

Cet établissement est généralement fréquenté par des militaires, la tranquillité y est cependant rarement troublée à cause des dispositions qui ont été prises pour en assurer le maintien ; les jours de bal la réunion est passablement animée; mais elle n'offre aucun des caractères alarmans qui effraient les gens paisibles. On y est au surplus fort bien servi et à des prix très-modérés.

BARRIÈRE DE GRENELLE.

Voitures *Dames réunies*, allant à Montmartre, faubourg Poissonnière, La Villette et correspondances.

A L'ERMITE.

Jean CHEVREUX, *Marchand de Vins Traiteur.*

AU GRAND ORIENT.

RABIAT, *Marchand de Vins Traiteur.*

Fête le premier dimanche après la Saint-Jean d'été, couronnement d'une rosière.

L'institution des rosières est fort ancienne, elle date d'une époque moins corrompue, où l'on récompensait publiquement la pureté de mœurs qu'une jeune fille apportait dans l'union conjugale, mais aujourd'hui on ne pose plus sur le front des bergères une couronne de marguerites ; l'œuvre de la séduction allant de la chaumière aux palais, de la mansarde aux lambris dorés, il est fort rare qu'une jeune fille appelée dans l'état du mariage n'ait pas déjà vu ses voluptés de jeunesse effeuillées dans un premier attachement. Les rosières de nos jours sont dans le genre des ingénuités de l'*Ambigu* et de la *Porte-Saint-Martin*, à quinze ans elles ont déjà donné des mèches de cheveux à rembourrer dix matelas, et elles auraient grand besoin de faire un pélerinage à la statue élevée dans l'ancienne Rome, qui devait faire naître dans l'esprit des jeunes filles l'amour de la pudeur et de la chasteté. Au surplus, que toutes ces séduisantes créatures se rassurent, le fils de Dieu pardonne les erreurs de l'amour, puisqu'il a appelé la bénédiction de son père sur la Samaritaine.

BARRIÈRE DE LA GARE DE GRENELLE.

Mêmes Voitures qu'à la précédente barrière.

AUX FORGES DE GRENELLE.

ROUSSEAU, *Marchand de Vins Traiteur.*

On y est très-commodément et on y mange d'excellentes fritures.

AUX TROIS AMIS.

RENARD, *Marchand de Vins Traiteur.*

Bonne chère et bon vin.

AU SOLEIL D'OR.

Etablissement renommé pour les matelottes et les fritures; extrême propreté, bon vin et promptitude dans le service.

A LA COMÈTE.

LENOIR, *Marchand de Vins Traiteur.*

Ancienne maison, bonne cuisine; la qualité des vins y est tellement supérieure qu'on le prendrait pour le vin de 1812, sur lequel l'apparition d'une comète exerça une si heureuse influence.

A SAINT-NICOLAS.

FARGET, *Marchand de Vins Traiteur.*

Supériorité dans la manière d'apprêter les matelottes et les fritures, bonne cave et service régulier.

BARRIÈRE DE MONTREUIL.

Il n'y a rien à cette barrière qui soit digne d'être mentionné; le public ne s'y porte pas avec autant d'empressement et d'assiduité qu'aux autres barrières de Paris ; la situation est pourtant tout aussi favorable : il en est de la barrière de Montreuil comme de quelques établissemens frappés de réprobation, devant lesquels on passe froidement sans même se douter de leur existence. Le temps qui fait les révolutions en opérera peut-être une en faveur de cette barrière.

Il y a fête à *Montreuil* le premier dimanche après la Saint-Pierre, et à *Rosny-sous-Bois* le premier août.

Montreuil est une contrée intéressante, où par un procédé particulier, on obtient les plus belles pêches qui se mangent à Paris.

Ce fruit délicieux et velouté

>Retrace à nos regards cet aspect virginal
>D'une beauté, qu'amour n'a pas séduite encore,
>Et qui, de la pudeur dont son front se décore,
>Ne perd le vif éclat qu'au flambeau nuptial.

BARRIÈRE COURCELLES.

AUX AMIS RÉUNIS.

TUFFEAUX, Marchand de Vins Traiteur.

A LA CHAUMIÈRE.

GIROD, Marchand de Vins Traiteur.

Jardin, tonnelles et cabinets particuliers, vins de choix, cuisine soignée.

BARRIÈRE DU ROULE.

Omnibus allant au boulevart des Italiens, Odéon, barrière du Trône et correspondances.

AUX VIGNES DE TONNERRE.

BELLOT, *Traiteur*, n° 3.

Etablissement bien fréquenté, grands salons, jardins spacieux et bien ornés offrant toutes les commodités possibles, excellente cuisine et bon vin.

LABRUNE, n° 1.

Restaurant tout aussi bien suivi que le précédent, le public y retrouve les mêmes avantages et les mêmes qualités dans les objets de consommation.

AU GRAND SAINT-FIACRE.

TRICOCHE, n° 7.

Traiteur en réputation, établissement fort bien tenu, belle localité, bonne cuisine et bonne cave.

BONTEMS, *Marchand de Vins Traiteur*, n° 11.

Bonnes qualités, prompt service et propreté.

BULLE, *Aubergiste*, n° 13.

Des logemens fort agréables, des écuries et remises bien tenues, et un ordre parfait dans le service ont acquis à cette maison une réputation méritée.

DESCAMPS, n° 2, } *Marchands de Vins Traiteurs.*
BIENAIMÉ, n° 2,

Bons vins et comestibles bien apprêtés.

———

C'est à la barrière du Roule qu'est située l'ancienne route de Neuilly, ce village où tout le monde est blanchisseur ou blanchisseuse, excepté le Roi, qui habite, avec la Famille Royale, pendant une grande partie de la belle saison, le château de Neuilly, jolie et agréable habitation.

Le séjour de Sa Majesté est une heureuse époque pour toute la contrée; là, comme ailleurs, elle exerce les bienfaits qui font aimer les rois, malgré ces obscurs détracteurs pour qui rien n'est sacré, et qu'on ne rencontre jamais que sur les voies toutes odieuses et déshonorantes du scandale.

Il existe dans les environs de Neuilly, principalement sur les bords de la Seine, de charmantes habitations, de délicieuses *villa*, appartenant en grande partie à l'aristocratie financière, avec ses joues rubicondes. L'homme barême, les Turcarets du siècle vont le dimanche, sous les poétiques ombrages de leur parc, déposer les fatigues et l'ennui de la semaine. Le parfum des champs, le murmure des eaux, de séduisantes *nayades* dissipent aisément les sombres rêveries dont l'esprit s'est pénétré par la gravité des affaires de banque ou par les intrigues de la politique.

Neuilly n'a d'antique souvenir digne de remarque qu'un bain forcé que prit Henri IV dans la Seine, un jour qu'il revenait de Saint-Germain avec la Reine et le fameux cardinal Du Perron; les chevaux de la voiture de Leurs Majestés, qu'on avait oublié de faire boire, se précipitèrent dans la Seine à l'endroit même où a été construit le pont que l'on voit aujourd'hui. De prompts secours réduisirent cet accident à la frayeur d'un moment, et le Roi dut à l'émotion qu'il éprouva d'être à l'instant même guéri d'un mal de dent qui le faisait horriblement souffrir, ce qui prouve que les grandes émotions peuvent guérir les grandes douleurs.

BARRIÈRE DES BATIGNOLLES
ou de CLICHY.

Voitures *les Batignollaises*, Palais-Royal, cloître Saint-Honoré, Panthéon et barrière Saint-Jacques.

On trouve aux Batignolles des omnibus pour Saint-Ouen à 20 c., et au même prix pour l'île Saint-Denis.

Les fins gourmets, qui mettent quelque prix à une bonne matelotte, à d'excellentes fritures; les personnes qui aiment le jeu de l'escarpolette peuvent aller avec confiance chez *Lhomme*, dans l'île Saint-Denis; sa cuisine et ses vins sont généralement estimés, et l'heureuse situation de cet établissement rend les plaisirs de la table plus entraînans et plus vifs.

On fait autour de l'île des promenades en bateaux, on se livre aux douces séductions de la pêche, dût-on s'exposer à rappeler dans l'esprit de quelques personnes cette opinion de *Confucius*, qui prétendait que la ligne à pêcher était un instrument qui commençait par un hameçon et se terminait par un imbécile.

AUX BARREAUX VERTS.

LOUBIÈRES, *Marchand de Vins Traiteur*, n° 34.

CUISINE BOURGEOISE, n° 40.

Cabinets de société, cuisine variée et de bon goût, extrême propreté, service prompt et prix modérés.

AU BON HENRI.

MISSIER, *Marchand de Vins Traiteur*, n° 21.

Bien achalandé et recherchant avec un soin scrupuleux tout ce qui fait une bonne cave et une excelente cuisine.

DULIEU, *Marchand de Vins Traiteur*, n° 26.

Bonne chère et bon vin.

LE PÈRE LATHUILE, *Restaurant.*

L'ancienne réputation de cette maison dispense de toute recommandation ; le public y trouvera toujours, comme par le passé, des vins de choix, des mets bien apprêtés, et généralement tout ce qui constitue les jouissances de la table.

JOUANNE, *Marchand de Vins Traiteur*, n° 12.

En réputation pour les trippes à la mode de Caen ; intérieur agréable et bon vin.

NOBLET, n° 10.

Restaurant bien fréquenté, cuisine recherchée, service régulier et cave bien montée.

BARRIÈRE DE MONCEAUX.

Batignolaises stationnant au Palais-Royal, allant au Panthéon, les boulevards, etc....

BLANCHET, Marchand de Vins Traiteur, n° 2.

Bien servi et bonnes qualités.

AU COQ HARDI.

RECULLEZ, Traiteur, n° 6.

Excellente cuisine, bonne cave, soins empressés et prix modérés.

AU GRAND SAINT-MARTIN,

DOUET, Traiteur, n° 19.

Établissement recommandable sous tous les rapports.

LAMBERT, Marchand de Vins Traiteur, n° 11.

Bon accueil, bonne cuisine et bon vin.

BARRIÈRE MONTMARTRE.

Voitures les *Favorites*, par correspondances.

A LA BOULE NOIRE.

LECLERC, *Marchand de Vins Traiteur.*

Bonne renommée et vins soignés.

AU PETIT BACCHUS.

COLAS, *Marchand de Vins Traiteur.*

Cuisine appétissante, gracieux accueil et bon vin.

LOINTIER, n° 13.

Restaurant avec jardin fort agréable. Cet établissement est bien tenu, il est à proximité du bal de la Renaissance, qui a lieu tous les dimanches à l'extrémité de la côte. Ce bal est lui-même fort bien composé.

AU VIGNERON D'ARGENTEUIL.

Marchand de Vins Traiteur, n° 36, en suivant le boulevard.

Vins et comestibles sans reproches.

ÉLYSÉE MONTMARTRE.

Traiteur distingué, grand jardin, beaux salons, tir au pistolet et à la carabine, service prompt, garçons officieux, carte variée et vin délicieux.

Montmartre possède à côté de ses joyeuses guinguettes un cimetière qui est le plus ancien de Paris, et où de froides épitaphes, pompeusement gravées sur des tombeaux, servent bien mieux à reproduire les titres des vivans que les vertus des morts. Là encore le marbre somptueux perpétue les priviléges de la fortune, et ne s'élève sur la tombe du riche que pour le distinguer de cette classe pauvre et laborieuse qui n'a pour dernier asile que la fosse commune. Le délire de l'orgueil consacre bien plus que la douleur tous ces brillans mausolées, devant qui personne ne sent le désir d'incliner un front respectueux. De simples trophées suffisent pour jeter quelques fleurs sur les chagrins d'une famille éplorée.

En 1500 il y avait à Montmartre une abbaye où de galantes recluses remplaçaient, par l'impudence et le libertinage, les paisibles vertus de la vie religieuse. De pareils débordemens se trouvaient peut-être excités par le singulier souvenir, que dans des jours plus pieux et plus sages, la fille du comte de Boulogne avait laissé à cette communauté, en lui léguant le droit de prendre tous les ans à Boulogne la quantité de *cinq mille harengs*.

Les hauteurs de Montmartre offrent une multitude de vues charmantes. Henri IV étant un jour sur Montmartre, se baissa et regarda Paris entre ses jambes, en s'écriant : « *Que je vois de nids de cocus*. Un plaisant, qui vivait dans l'intimité du Roi, se mit dans la même posture, et cria : *Sire, je vois le Louvre*. On rapporte qu'Henri IV rit beaucoup de cette plaisanterie. Je trouve que c'est ce qu'il avait de mieux à faire, car il faudrait être épicier, marchand de coco ou de socques articulés, pour ne pas rire d'un trait d'esprit, lorsqu'il ne blesse aucunement les convenances.

BARRIÈRE BLANCHE.

Omnibus, Odéon, Saint-Sulpice, Palais-Royal et correspondances.

A L'ESPÉRANCE.

MÉTAYER, *Marchand de vins Traiteur bien famé.*

On peut y aller avec confiance.

AUX DEUX BERCEAUX.

MAINBRAUD, *Marchand de Vins Traiteur.*

La bonne qualité des mets et le bon vin sont pour cette maison d'anciennes habitudes.

A LA VILLE DE BAR-LE-DUC.

MICHAUD, *Marchand de Vins Traiteur.*

Cuisine délicate, extrême propreté et bon vin.

MARLET, *Marchand de vins Traiteur*, n° 2.

Fritures délicieuses, bonne cave et soins empressés.

A LA BOULE D'OR.

LEBLEUX, *Marchand de Vins Traiteur.*

Cabinets particuliers, bonne chère et bons vins.

AU PUITS D'AMOUR.

MARIÉ, *Marchand de Vins Traiteur.*

Bons approvisionnemens et prix modérés.

TABLE D'HOTE.

FORTI, *dans le haut de Montmartre.*

Cuisine à l'italienne, bon vin, bonne réunion. On se met à table à 6 heures : 1 fr. 10 c. les jours de la semaine, 1 fr. 25 c. le dimanche.

A LA VILLE DE NANCY.

Joseph ANDRÉ, *Marchand de Vins Traiteur.*

Connu et aimé du public, établissement bien achalandé.

TISSERAND, *Marchand de Vins Traiteur*, n° 2.

Bonne cuisine et bon vin.

FEVRIER, *Marchand de Vins Traiteur*, n° 12.

Service prompt, vins et comestibles délicieux et à des prix excessivement raisonnables.

BARRIÈRE DES MARTYRS.

Voitures les *Favorites*, par correspondances.

A LA BARQUE A CARON.

CARON, *Marchand de Vins Traiteur.*

Ancienne réputation et vieux vin.

Théodore MARIE, *Marchand de Vins Traiteur.*

Cuisine soignée et bon vin.

AU PETIT RAMPONNEAU.

NICOLAY, *Marchand de Vins Traiteur.*

Jardin fort agréable, mets bien apprêtés et proprement servis.

AU BRAVE POLONAIS.

MICHEL, *Marchand de Vins Traiteur*, n° 6.

Bonne renommée et bon vin.

AUX VENDANGES DE BOURGOGNE.

TAULLÉ, *Marchand de Vins Traiteur.*

Bien fréquenté, service prompt et bien ordonné.

FAVRE, *Marchand de Vins Traiteur,* n° 14.

Bonne chère, bon vin et prix modérés.

A LA GIRAFFE.

RAMENAY, *Marchand de Vins Traiteur.*

Vins et comestibles soignés.

A SAINTE-GENEVIÈVE.

Veuve BALLOT.

Restaurant bien tenu, service régulier, excellente cuisine et bonne cave.

A LA CROIX D'OR.

LEPAREUR, *Marchand de Vins Traiteur.*

Mets de bon goût, bon vin et extrême propreté.

BARRIÈRE LONGCHAMP.

Cette barrière se trouvant placée à proximité de celle de l'Etoile, et formant en quelque sorte une dépendance de Chaillot, est dans un délaissement absolu.

———

Chaillot! la terre promise des pensionnats de jeunes demoiselles. Entre toutes les Maisons d'éducation qui jouissent à juste titre de la confiance des parens, celle de Madame Darte, grande rue de Chaillot, près les Champs-Élysées, mérite plus particulièrement la distinction dont elle s'honore depuis longues années.

En se consacrant à l'enseignement, Madame Darte, femme d'esprit et de jugement, a d'abord compris qu'il fallait, dans l'art si difficile de l'éducation, savoir à propos concilier l'indulgence réclamée par les frivolités du jeune âge avec les exigences des bons principes. C'est le moyen de préparer avec plus d'efficacité, dans l'esprit des jeunes filles, la sérénité des beaux jours de leur vie.

Madame Darte est secondée par de jeunes sous-maîtresses dont elle a elle-même fait l'éducation, et qui se révèlent par une délicatesse de manières, une perfection de langage dignes du modèle dont elles se sont inspirées. J'eus l'occasion, dernièrement, à une fête de famille, de remarquer plus particulièrement une de ces demoiselles : à son air décent et gracieux, à sa mise simple et de bon goût on l'eût prise pour cette créature pure et blanche que l'on consacrait autrefois à Vénus, et que l'on couronnait de fleurs avant le sacrifice.

Dans l'institution de Madame Darte, tout y est observé de manière à dépasser le vœu des familles ; elle ne fait pas de ses élèves des vierges romantiques, enthousiastes des arts, ni des jargons de société qui parlent de tout avec le charme d'un hanneton qui bourdonne. La religion et la morale forment les bases principales de l'instruction ; il faut qu'une femme ait des sentimens religieux, parce que la religion rend sacré pour elle les devoirs que son cœur ne chérit pas. Et si la beauté, les agrémens d'un joli visage charment les yeux; si le talent, les ressources de l'esprit enflamment l'imagination, ce sont les mœurs qui seules commandent l'estime du monde.

C'est en inspirant à ses jeunes élèves une extrême confiance, que Madame Darte prévient leur esprit contre les agitations d'une trop grande vanité, afin que celles qui peuvent plus tard se livrer aux jouissances frivoles de la fortune, ne croient pas que ce bonheur puisse remplacer d'autres félicités.

Enfin, quelle que soit la position sociale des

jeunes personnes confiées à sa sollicitude, Madame Darte s'attache principalement à les disposer aux joies temporelles du monde, en élevant leur ame vers les rêves brillans de la famille dont elles feront un jour l'espoir et l'ornement. C'est ainsi qu'elle leur prépare des pages riantes lorsque leur nom s'inscrit au livre du mariage, et leur union s'accomplit solennelle comme la prière.....

BARRIÈRE POISSONNIÈRE.

Mêmes voitures qu'à la précédente barrière.

AU GRAND TURC.

Restaurant bien achalandé, cuisine recherchée, vin délicieux, promptitude et propreté dans le service.

A LA GAITÉ.

SOYER, *Marchand de Vins Traiteur.*

On y est fort à son aise, bien servi, et on y boit d'excellent vin.

AU LION D'OR.

Restaurant, bonne cuisine, bonne cave, prix modérés et gracieux accueil.

AU PAVILLON.

Louis DUMÈS, *Marchand de Vins Traiteur,*
dans la plaine.

Comestibles et vins de choix.

TABLES D'HOTE.

BARBIER, *rue des Couronnes*, n° 34.

****, *rue des Couronnes*, n° 21.

BARBIER, *rue des Couronnes*, n° 8.

Les Dîners ont lieu à six heures précises; le prix est de 25 sous le dimanche, et 22 sous les autres jours. Le service est très-avantageux, il se fait avec beaucoup d'ordre; la cuisine et les vins sont sans reproches, et les personnes qui fréquentent ces établissemens sont de très-bonne compagnie, même le bavard obligé, cet insipide mortel qu'il est si rare de ne pas rencontrer dans ces sortes de réunions. Le bavard est tout aussi nécessaire dans une table d'hôte que le niais dans le mélodrame; la seule différence, c'est que celui-ci distrait et amuse par des saillies fort spirituelles, et que l'autre est passablement embêtant.

BARRIÈRE SAINT-DENIS.

Favorites allant barrière d'Enfer et correspondances.

AU FRANC PICARD.

BARROIS, *Marchand de Vins Traiteur*, n° 18.

Cuisine friande et bon vin.

MÉNÉTRIER, *Marchand de Vins Traiteur*.

Service prompt, excellente cuisine et vins à la portée de toutes les fortunes.

Veuve PERROT, *Marchand de Vins Traiteur*, n° 8.

Cuisine variée, bon vin et propreté dans le service.

Le bourg de Saint-Denis, à deux petites lieues de la barrière, n'a de remarquable que l'ancienne abbaye et ses caveaux, où sont religieusement déposés depuis des siècles, les restes mortels de nos Rois, jusqu'à Louis XVIII inclusivement, surnommé *le Désiré*. Je ne sais trop pourquoi cette Majesté défunte n'a pas de son vivant reçu le surnom de *Gros*, car je crois que Dieu l'avait créé pour prouver jusqu'à quel point la peau d'un homme peut se tendre.

C'est sur la butte Montmartre que Saint-Denis fut sacrifié du temps qu'il prêchait la religion chrétienne aux Gaulois. Les légendes rapportent qu'après avoir été décapité, saint Denis se leva sur ses pieds, prit sa tête dans ses mains, la baisa au front, et marcha de cette manière jusqu'à l'endroit où est aujourd'hui l'Eglise, il y a environ une lieue. Cette fable burlesque qui a pris naissance comme tant d'autres dans l'oisiveté des anciens cloîtres, fit dire à une femme célèbre : *Cela n'est pas surprenant, il n'y a que le premier pas qui coûte.*

L'ancienne chapelle de Saint-Denis jouissait autrefois des mêmes prérogatives que Saint-Pierre à Rome, il suffisait qu'un criminel s'y réfugiât pour qu'il ne fût plus inquiété à raison de son crime.

BARRIÈRE de la GRANDE VILLETTE.

Voitures les *Dames réunies*, servant la ligne de Grenelle.

AU CADRAN.

***** *Marchand de Vins Traiteur*, n° 1.

Restaurant à la carte au premier, excellente cuisine, bon vin et prix modérés.

AU LION D'OR.

Restaurant bien suivi ; les mets y sont bons, la cave sans reproches, et le service se fait avec beaucoup de régularité.

AU GRAND TURC.

Marchand de Vins Traiteur.

Bonne chère, excellent vin, ancienne renommée justement acquise.

BARRIÈRE DES BONS-HOMMES,
ou de PASSY.

Voitures *Omnibus* stationnant sur la place du Carrousel, correspondant avec les boulevards et le faubourg Saint-Germain.

Cette barrière est fort peu fréquentée, on y passe simplement pour se rendre au Bois de Boulogne ou à Passy; les établissemens de la grande et de la petite barrière ne sont guère suivis que par les ouvriers et les habitués de l'endroit.

Passy, avec le voisinage du bois de Boulogne et ses sources d'eaux thermales, est un des plus agréables séjours des environs de Paris.

En sortant de Passy par le bois de Boulogne, on trouve, à droite, le Ranelagh et le château de *la Muette*, maison royale bâtie par Louis XV, et qui a depuis été un rendez-vous de chasse; il ne reste plus aujourd'hui de cette ancienne habitation que deux gros pavillons. C'est à la Muette que se fit la première expérience aérostatique.

Le Ranelagh était autrefois le rendez-vous de la bonne compagnie; ses soirées dansantes faisaient époque dans le monde fashionable ; il y avait étiquette et bon ton ; aujourd'hui, malgré son heureuse situation et la beauté de sa salle, le Ranelagh n'est plus fréquenté que par les grisettes, les commis marchands, et quelques débauchés de la chaumière.

Il ne reste de l'ancienne splendeur du Ranelagh, de la solennité de ses fêtes, que le café qui fait partie de l'établissement, et dont l'inconstance du monde n'a pu altérer l'ancienne et bonne réputation.

A gauche de Passy on aperçoit le village d'Auteuil, riche de plusieurs beaux souvenirs. C'était jadis le rendez-vous des poètes et des savans, des littérateurs de tous genres. La Fontaine y a égaré ses douces rêveries, Molière y esquissait ses portraits, Racine y trouvait les hautes inspirations qui ont produit *Phèdre* et *Andromaque;* enfin Boileau, dont la maison existe encore, traçait à Auteuil ses élégantes satires. Ce fut cet imposant aréopage qui créa les *soupers d'Auteuil*, où les discussions de la plus sérieuse morale amenèrent cette maxime : *Que le premier bonheur est de ne point naître, et le deuxième de mourir promptement.*

Plusieurs hommes distingués dans la république des lettres ont long-temps habité Passy. Franklin, ce grand philantrope qui tint un rang si élevé dans le monde politique et littéraire ; l'abbé Raynal, Piccini, l'académicien Raynouard, et quelques vaudevillistes d'un talent généralement apprécié, ont vu s'écouler à Passy leurs dernières années.

M. Raynouard, dont la carrière fut si active, a mérité par ses écrits et par sa vie de prendre rang parmi les célébrités littéraires, philosophiques et artistiques auxquelles la ville de Marseille, en Provence, s'honore d'avoir donné le jour. Entre autres productions fort estimées, M. Raynouard est auteur des *Templiers,* ouvrage très-remarquable, dans lequel des preuves incontestables rétablissent la mémoire de ces vaillans défenseurs du trône et de l'autel, qui eurent pour bourreaux Clément V et Philippe-le-Bel; leur mort fut aussi courageuse et sublime, que leur vie avait été honorable et glorieuse. Cette institution des Templiers est rétablie depuis 1830; c'est M. le comte de Montalivet qui a succédé à *Jacques de Molai,* dernier Grand-Maître des Templiers.

Il semble que Passy doive, plus particulièrement que toute autre partie des environs de Paris, voir naître ou mourir les hommes supérieurs. Le 26 décembre 1833, il est né à Passy, sous un humble toit de la rue de l'Eglise, un enfant du sexe masculin, d'une organisation toute exceptionnelle sous le rapport phrénologique, et qui devra contribuer un jour à la gloire artistique ou littéraire de la France. Ceci ne s'adresse qu'à l'intelligence de quelques personnes, et si j'aime à consigner ici mon opinion à ce sujet, c'est qu'au temps où il sera permis d'en apprécier la justesse, il ne restera plus de moi sur cette terre de déception et d'ennui que les faibles et tristes souvenirs qui nous survivent.

La fête de Passy a lieu le premier et le deuxième dimanche de mai.

Dans ces jours de solennité il faudrait deux gardes municipaux à cheval à la porte du *Grand Balcon* pour empêcher l'affluence. Ce restaurant, situé dans la grande rue de Passy, se distingue par cette antique probité qui seule établit et consolide les réputations. La cuisine y est très-recherchée, la pâtisserie fort délicate, et la cave digne des soins minutieux que M. Hubert a constamment apportés dans l'exploitation de son établissement.

BARRIÈRE DE ROCHECHOUART.

Les *Omnibus* de la Bastille, de toute la ligne des boulevards, conduisent, par correspondances, à cette barrière.

COMBALOT, *Restaurant de première classe.*

Cuisine recherchée par les gourmets, gracieux accueil et propreté.

Félix NICOLLET, *Marchand de Vins Traiteur.*

Service prompt, nourriture saine et bien apprêtée, bon vin et prix modérés.

LEMAIRE, *Marchand de Vins Traiteur.*

Les soins apportés à la cuisine et à la cave méritent d'être mentionnés.

MICHEL, *Marchand de Vins Traiteur.*

Cet établissement est déjà fort ancien ; il a su mériter la confiance du public par la qualité supérieure des objets de consommation.

LALLEMAND, *Marchand de Vins Traiteur.*

Excellente cuisine et bon vin.

FABRE, *Marchand de Vins Traiteur.*

Maison bien fréquentée, bonne chère et prix modérés.

LEPAREUR, *Marchand de Vins Traiteur.*

Propreté délicate, soins minutieux et empressés, bonne cuisine et vins généralement estimés.

BARRIÈRE DE L'ÉTOILE.

Voitures du Louvre et correspondances avec Bercy et Neuilly.

C'est en dehors de cette barrière que s'élève majestueusement l'Arc de Triomphe consacré aux brillans souvenirs des armées françaises ; monument de gloire orné sur ses faces de trophées d'armes, de vastes bas-reliefs et d'inscriptions à la louange des héros de l'empire. Cet édifice, qui a coûté des travaux et des sommes immenses, fut commencé en 1806 par Napoléon, il a été terminé en 1838 par les soins de Louis-Philippe. Il semble que le sol ne puisse, sans danger, supporter cette énorme construction.

Marie-Louise fit son entrée à Paris par la barrière de l'Etoile.

On y remarque plusieurs établissemens publics où les réunions sont moins bruyantes, les plaisirs plus décens qu'aux autres barrières de Paris ; ce ne sont plus les mêmes mœurs, la même société.

A LA VILLE DE MULHOUSE,
n° 53.

Restaurant, cuisine allemande et française, cabinets particuliers et bon vin.

RAVEL, *Traiteur.*

Place de la Pelouse, n° 51.

Cabinets particuliers, excellente cuisine, service bien ordonné et bonne cave.

DACHEUX-RAVEL, *au bas de la Pelouse.*

Restaurant bien achalandé, bonne chère et bon vin.

AUX PROVENÇAUX.

RAUSCH, *Restaurant,*
Grande allée de droite, n° 4.

Etablissement bien fréquenté, bien approvisionné en comestibles et en vins ; économie et propreté.

Alphonse ANDRE, *Marchand de Vins Traiteur,*
n° 11.

Cuisine variée et vins de premier choix.

AU RENDEZ-VOUS DE L'ARC DE TRIOMPHE,
n° 3.

Petit restaurant bien suivi, on y est officieux et prévenant. Mêts bien apprêtés et excellent vin.

LELION, *Restaurant*, n° 5.

Service prompt, bonnes qualités et prix modérés.

A L'UNION.

Boulevard Beaujon.

Traiteur recommandable, consommation et vins fort estimés.

DOURLENS, *Restaurant*, n° 27.

Beau jardin, bien tenu, de frais ombrages, d'agréables réduits où l'amateur de la bonne chère et du bon vin peut déguster, à l'abri du soleil, le fin vol-au-vent et le tendre poulet au cresson. Les jours de bal, charmante réunion, jolis quadrilles, bonne musique, buffet avec rafraîchissemens de toute espèce.

Au sortir de la barrière de l'Etoile, en suivant la grande avenue de Neuilly, on entre par la *porte Maillot* dans le bois de Boulogne, ce temple mystérieux avec ses allées discrètes, ses frais réduits et ses adorables retraites. Les plaintes à Paphos, sur les malices et les espiègleries de l'amour partent en grande partie des endroits solitaires du bois de Boulogne.

Après avoir fait dans le bois une assez longue promenade à pied, à cheval ou en voiture, il est de bon ton de s'arrêter déjeûner *à la Rotonde*, restaurant bien famé, salons et cabinets de très-bon goût, excellente cuisine, bonne cave, rafraîchissemens, glaces et sorbets, et généralement tout le confortable d'une maison de premier ordre.

La bourgeoisie et la classe marchande qui recherchent plus particulièrement le plaisir des champs s'arrêtent peu *à la Rotonde;* les parties au bois de Boulogne sont pour elles des solennités de famille, des fêtes bocagères et patriarcales. On choisit un charmant bouquet de bois, une haie d'aubépines en fleur, et là comme du temps des Athéniens et des premiers Romains qui mangeaient assis ou couchés sur leur table (*lecti-sternium*), on fait un repas délicieux. La salade mangée sur la pelouse avec assaisonnement de fourmis, le veau froid dégusté en plein air, à l'ombre des hannetons, le croupion d'un poulet truffé ont une saveur toute particulière. Après ce dîner champêtre, on s'achemine vers Paris, les moutards en tête, les jeunes filles ensuite, et tout-à-fait derrière, la maman sous le bras du mari, qui pour se donner un air original s'est coiffé de bleuets et de coquelicots épanouis. En arrivant au logis on se couche et on dort, le mari le premier; les maris dorment beaucoup.....

CONCLUSION.

En offrant au public un livre principalement écrit pour les classes intermédiaires de la Société, j'ai uniquement été dirigé vers un but d'utilité, unanimement approuvé par les personnes éclairées à qui j'avais à l'avance communiqué le projet de mon entreprise.

On aura sans doute reconnu qu'en entourant l'objet principal de l'ouvrage d'épisodes et de dissertations qui pourraient, au premier aperçu, lui sembler totalement étrangers, je n'ai eu d'autre pensée que d'interrompre la monotonie résultant d'une série de noms dont l'exactitude est certainement sans reproche, mais qu'une diversion quelconque pouvait seule affranchir du tort d'avoir une trop grande ressemblance avec le *Calendrier grégorien* ou l'*Almanach du commerce.*

Je me suis écarté le moins possible dans mes réflexions des limites prescrites par les convenances de position ; et si, malgré cette réserve, mon langage venait à froisser quelques susceptibilités ombrageuses, je répondrais que l'intérêt général a, pour un écrivain consciencieux, des lois bien plus impérieuses que les considérations personnelles. La seule liberté que je me sois permise, c'est de traiter sévèrement ceux que la cupidité entraîne trop insolemment au-delà des bornes de la délicatesse ; j'ai dû, avec raison, appeler sur ces ames avides l'attention publique, certain de mériter l'approbation des gens qui, en matière de probité, ne s'arrêtent point à la frivolité des mots.

On m'a fait observer qu'ayant entrepris d'esquisser divers portraits, ayant fait ressortir certains ridicules avec assez d'à-propos, j'aurais pu dire un mot des portières et de leurs mœurs : je crois que tout a été dit sur le compte de ces femmes respectables qui, après avoir passé l'âge des passions, terminent leur carrière en tirant paisiblement le cordon ; et je trouve qu'on doit s'estimer fort heureux de rencontrer dans la personne chargée du commandement de la porte une femme qui ne vive pas de cancans, qui ne lise pas M. Paul de Kock, et qui ne se croie pas la chair de la chair, les os des os de son propriétaire.

A l'égard du style de cet ouvrage, il est à coup sûr sans harmonie, car je n'y ai mis aucune prétention littéraire ; c'est tout bonnement de la prose à la manière de M. Jourdain, qui en a fait, sans le savoir, pendant soixante ans de sa vie.

J'ai expliqué le but principal de mon livre, qui n'est rien moins que poétique ; le reste ne se compose que de traits épars, pris dans mon imagination ou dans les siècles écoulés, et je n'ai pas même cherché à donner aux anecdotes du passé le charme attendrissant des souvenirs ; aussi me pardonnera-t-on de faire remarquer que ceux qui verraient dans cette faible composition la juste mesure de mon esprit ne me feraient pas trop d'honneur. Si le public l'accueille favorablement, j'aurai obtenu un ample dédommagement de mes sacrifices ; si, par contraire, mon *Éclaireur* brille dans le monde comme un quinquet éteint, ma chute n'aura rien de cruel, parce que j'expose peu de chose au danger du naufrage.

Bien que cette œuvre ne soit pas la première que je livre à la publicité, et que mes antécédens en ce genre m'aient valu quelques éloges, je ne m'abuse pas ; je sais qu'il faut une grande renommée littéraire pour monter crânement les cent degrés du Capitole. Ce temple du génie et des arts est partout aujourd'hui ; la couronne est dans toutes les mains, prête à descendre sur un front illustré par de nobles travaux. Malheureusement, il y a des réputations usurpées ; toutes ces idoles de l'époque qui reçoivent notre encens, et dont le pâle flambeau contribue si peu à éclairer les intelligences, descendront un jour du piédestal où la faveur les éleva, car, si la gloire est séduisante, le talent est fort rare, a dit un auteur contemporain ; il est aussi fort peu récompensé et souvent ignoré. La vie de l'homme intellectuel offre trop fréquemment, aujourd'hui, le triste spectacle du talent aux prises avec le malheur : plusieurs écrivains, que la faim a mis au tombeau, s'étaient annoncés dans la littérature par des essais brillans; personne n'hésitait à présager à Gilbert les plus hautes destinées littéraires, et lorsque son génie commençait à fleurir, l'espérance s'éteignit dans son cœur, et une mort prématurée, affligeant résultat d'une lutte longue et laborieuse contre la misère, arrêta le cours d'une carrière toute belle d'avenir.

Au moment de succomber aux longs tourmens d'une vie qui fut si malheureuse et la fin si funeste, Gilbert écrivit des adieux exprimés avec cette mélancolie attendrissante, cette sensibilité douce et vraie qui répandent tant de charme dans la prose de Fénélon et dans les poésies de Virgile. Je me plais à les rappeler ici comme un humble et faible hommage rendu à la mémoire d'un jeune homme qui, avec le germe d'un véritable talent, mourut dans le besoin entre deux sœurs de charité.

    Au banquet de la vie, infortuné convive,
        J'apparus un jour, et je meurs!
    Je meurs, et sur ma tombe où lentement j'arrive,
        Nul ne viendra verser des pleurs.
    Adieu, champs fortunés; adieu, douce verdure;
        Adieu, riant exil des bois;
    Ciel, pavillon de l'homme, admirable nature,
        Adieu, pour la dernière fois!
    Ah! puissent voir long-temps votre beauté sacrée
        Tant d'amis sourds à mes adieux!
    Qu'ils meurent pleins de jours, que leur mort soit
        Q'un ami leur ferme les yeux.   [pleurée,

Tous ces esprits follement énivrés qui veulent à leur début franchir les hauteurs du Parnasse sont loin de pressentir comme Gilbert toute la puissance de la poésie, et de réunir, comme lui, à la pureté des formes antiques la profondeur des sentimens modernes; nous vivons sous le règne de l'esprit plutôt que sous celui du génie, moins éblouissant et moins beau; on écrit aujourd'hui avec finesse, mais avec moins de sentiment et de goût; nous sommes plus métaphysiciens, et par conséquent moins simples.

Le luxe, en corrompant les mœurs, aurait-il aussi corrompu le goût? C'est là une question d'un diapason trop élevé pour une composition uniquement entreprise dans des vues d'intérêt, c'est-à-dire avec l'esprit qui préside aujourd'hui à tous les genres de création; j'aurais donc mauvaise grâce d'exiger que l'immortalité me tressât des couronnes.

Si les lettres et les arts ont cessé d'atteindre le degré de perfection qui fit l'illustration des temps anciens, c'est que le chemin de la gloire est délaissé pour celui de la fortune; l'ambition de l'argent fait aller plus vite toutes les productions de l'esprit et du génie. L'artiste, qui pourrait faire d'excellens tableaux d'histoire, fait toutes ces carricatures devant lesquelles s'extasient les nombreux badauds de Paris en gênant passablement la circulation; l'auteur renommé confectionne des vaudevilles plutôt que d'attacher son nom à la tragédie ou au poëme épique; tout n'est plus que spéculation; le domaine de la science est passé de l'état de gloire à celui de l'industrie, et l'homme de lettres a maintenant l'esprit aussi mercantile qu'un marchand de bonnets de coton de la rue Saint-Denis.

J'ai parlé un peu de toutes choses dans mon livre, sans suivre une marche compassée et régulière; si cette distribution de l'ouvrage n'est pas du goût de tout le monde, je m'en consolerai en songeant aux abus de La Fontaine dans l'art des transitions, et au *Voyage* de Sterne, écrit sans liaison et sans suite, et dans lequel règne une grande incohérence d'idées, de sentimens et d'observations.

Quant à la censure des journaux, je ne la redoute nullement : je ne suppose pas qu'elle arrive jusqu'à moi; si, pourtant, elle daignait m'honorer de ses traits, je dirais comme M. de Châteaubriand : « Quand la critique « est juste, je me corrige; quand le mot est « plaisant, je ris; quand il est grossier, je « l'oublie. »

FIN.

TABLE.

Préface.	4
Barrière d'Enfer.	11
— d'Arcueil, ou Saint-Jacques.	15
— de la Santé.	17
— de la Glacière.	17
— d'Italie ou de Fontainebleau.	19
— des Deux-Moulins.	28
— de la Gare.	31
— de la Râpée.	32
— de Bercy.	35
— du Trône.	36
— de Charonne.	39
— du Père La Chaise.	42
— des Amandiers.	43
— de Mesnil-Montant.	45
— des Couronnes.	50
— de Belleville.	52
— du Mont-Parnasse.	57
— du Maine.	62
— de Vaugirard.	65
— de Sèvres.	68
— de l'École.	70
— de Grenelle.	71
— de la Gare de Grenelle.	73

Barrière de Montreuil.		75
— de Courcelles.		76
— du Roule.		77
— des Batignolles ou de Clichy.		80
— de Monceaux.		83
— Montmartre.		84
— Blanche.		87
— des Martyrs.		90
— Longchamp.		92
— Poissonnière.		95
— Saint-Denis.		97
— de la Grande-Villette.		99
— des Bons-Hommes ou de Passy.		100
— de Rochechouart.		104
— de l'Étoile.		106
Conclusion.		111

FIN DE LA TABLE.

www.ingramcontent.com/pod-product-compliance
Lightning Source LLC
Chambersburg PA
CBHW070523100426
42743CB00010B/1922